中华中医昆仑

罗元恺学术评传

张镜源◎主编

中国盲文出版社

图书在版编目（CIP）数据

罗元恺学术评传（大字版）/ 张镜源主编. —北京：中国盲文出版社，2015.12

（中华中医昆仑）

ISBN 978-7-5002-6757-7

Ⅰ.①罗…　Ⅱ.①张…　Ⅲ.①罗元恺（1914～1995）—评传　Ⅳ.①K826.2

中国版本图书馆CIP数据核字（2015）第313530号

罗元恺学术评传

主　　编：张镜源
责任编辑：张冬芝
出版发行：中国盲文出版社
社　　址：北京市西城区太平街甲6号
邮政编码：100050
印　　刷：北京华联印刷有限公司
经　　销：新华书店
开　　本：700×1000　1/16
字　　数：42千字
印　　张：6.75
版　　次：2015年12月第1版　2016年3月第2次印刷
书　　号：ISBN 978-7-5002-6757-7/K·401
定　　价：12.00元
销售服务热线：（010）83190297　83190289　83190292

丛书编委会

前言

中医药是中华民族的伟大创造，是世界医学宝库中的夺目瑰宝，数千年来为中华民族的繁衍昌盛作出了巨大的不可磨灭的贡献，至今仍是中国医药卫生事业不可分割的重要组成部分，在维护民族体魄康健、促进经济社会发展中发挥着不可替代的作用。

中医药学，是中华传统文化和科技文明的结晶，是勤劳聪慧的中华儿女在几千年生产生活实践中，在与疾病作斗争的过程中，创造的独具特色的医学科学体系。它有着浓郁的民族特色、深厚的文化底蕴和丰富的哲学内涵。经过一代又一代中医药传人、一辈又一辈名医大家的实践探索、薪火传承、总结完善、创新发展，逐步形成了系统的理论体系、独特的诊疗方法、丰富的医学内容、实用的制药技术。具有疗效确切、用药安全、应诊灵活、普适简廉和预防保健作用显著的巨大优势，在世界医学之林独树一帜，为人类的文明进步与医疗保健事业，已经并正在作出积极的贡献。

为了弘扬中华民族传统文化，彰显中医药学家的丰功伟绩，当代中医药发展研究中心与中国文学艺术界联合会、国家中医药管理局新闻办公室、中华中医药学会、中国中医科学院、北京中医药大学、世界中医药学会联合会等精诚合作，在国家中医药管理局的支持和指导下，为中华近现代百年来贡献卓著、深受敬仰的150位中医药学家，编撰出版了这部大型传记丛书。丛书采用评传体裁，记载他们的生平事迹、医术专长、学术思想、传承教育、医风医德、养生之道和突出贡献，使这些宝贵的医学成就和精神财富发扬光大，千古流芳。

丛书取名《中华中医昆仑》。昆仑山，被尊为“万山之祖”，柱西北而瞰东南，立中国而凭世界，凌驾乾坤，巍然屹立。以其高峻豪迈、绵延起伏的磅礴气势，寓意中华中医药学历史悠久、博大精深和永不衰竭；以其挺拔雄伟、高耸入云的恢弘气魄，彪炳一代中医药学家的丰功伟绩、杰出贡献和不朽勋业。

丛书入选传主，从全国范围推荐遴选，遍及中医药界各个领域。有临床家、理论家、药学家、教育家、医史文献学家；有名师亲授、世医家教、学派传人、院校毕业和自学成才者；有师徒并驾、父子齐名和伉俪联袂者。他们学术造诣深厚、诊疗技术精湛、临床经验丰富、学科地位崇高、科研成果丰硕、医风医德高尚、国内外影响较大，从医学理论到临床实践，为中医药事业的传承和发展作出了突出贡献，是近现代百年来中华中医药界的杰出代表。

丛书的出版，对于弘扬中华文化，振兴中医药事业，造就中医药人才，普及中医药知识，具有重要的现实意义和深远的历史意义。这是一项开创性工作，填补了我国为著名中医药学家大规模撰写传记的空白；也是一项抢救性工作，因入选传主已仙逝过半，许多亲历、亲见、亲闻的史料日见散逸，将之收集整理、编撰成书，功垂后世、利国利民；更是一项承前启后的工作，总结传主经验，传承中医药伟业，继往开来，光耀世界医学之林。这部医文结合，富蕴历史性、学术性、文学性和实用性的鸿篇巨制，对医疗、卫生、科研、教育及全球关注中华中医药文化的各界人士，都有重要的参考和阅读价值。

丛书的编撰出版，是一项巨大的中医药文

化建设工程，在策划、撰写、编辑、出版过程中，自始至终得到了国家有关领导、政府部门及社会各界人士的关心和支持。国家中医药管理局高度重视，并组织专家对全书进行终审；数百名专家、学者亲临指导，参与规划；有关省、市、自治区卫生厅、局、中医局（处）给予大力帮助；传主及其亲属、弟子热情支持、密切配合；撰稿人深情满怀、辛勤笔耕；编审专家尽心竭力、精工细琢；关爱中医药事业的企业家热心公益、慷慨资助；全体工作人员不辞辛劳、无私奉献，这一切使丛书得以顺利出版。对此，我们深表谢意。

由于时间紧迫和资料搜集困难，加之水平有限，难免有疏误之处，敬请广大读者批评指正。

中华中医药学，历史悠久，源远流长，发端于远古，奔向于未来。百年对于历史，不过是短暂的瞬间；百人对于万众，不过是沧海一粟。然本丛书所记载的百年百人，则无疑是波澜壮阔的中医药发展史上辉煌的篇章和光芒闪烁的璀璨星辰。

张镜源

目录

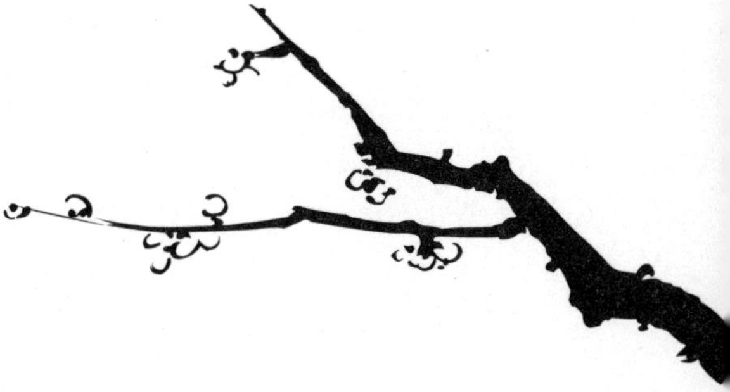

光阴如驶八十春，术擅岐黄达六旬。
回顾历程多险阻，今朝驰骋向通津。
八十春秋瞬息过，杏林建树愧无多。
喜看桃李花如锦，名医辈出胜叔和。

——罗元恺

罗元恺（1914—1995），字世弘。祖籍广东省佛山市南海区西樵山。著名中医临床家、中医妇科学家、教育家。

罗元恺从医、从教六十载，擅长于调经、助孕、安胎，医术精湛，有“送子观音”之美誉。1962 年被评为“广东省名老中医”。20 世纪 70 年代后成为全国中医妇科的领军人物。1984 年任中华全国中医学会妇科分会首届副主任委员。1991 年被确定为首批全国老中医药专家学术经验继承工作指导老师。罗元恺治学严谨，继承而不泥古，创新而不离宗。在 20 世纪 80 年代初，他首先提出“肾—天癸—冲任—子宫为女性生殖轴”的观点，对中医妇科理论的发展有较大的影响。他学术造诣深厚，且勤于著述，撰著出版了《罗元恺医著选》、《罗元恺论医集》、《罗元恺女科述要》；主编了《实用中医妇科学》、高等中医院校本科教材《中医妇科学》（第五版）及其配套的教学参考书；全文点校注释了明代医家张景岳的妇科专著，出版了《点注妇人规》。在教材与专著中比较系统地整理和阐发了中医妇科理论，结合现代的临床与理论研究提出一系列新观点，构建了当代中医妇科学的学科体系。

罗元恺毕生致力于中医事业，教育、医疗与研究并重。1950 年就任广东中医药专门学校校长，1951 年兼任广东中医院院长，其后兼任广东省中医进修学校副校长。1977 年成为国内第一位中医教授。1980 年任广州中医学院（现广州中医药大学）副院长、学位委员会主席，主管教学和研究生工作；1980 年聘为国务院学位评定委员会第一届学科评议组成员。是首批获中医硕士、博士学位授予权的研究生导师。为首批享受国务院政府特殊津贴的中医专家。在中医院校教育体系建设方面有卓越贡献，为中医研究生教育做了大量开拓性的工作，是现代中医教育的一代名师。

罗元恺作为现代中医妇科学的第一代学科带头人，培育了一批精于教学、临证与研究，学验俱丰的接班人，形成了一支精诚合作的学术团队。他为学科建设与课程建设奠定了深厚的基础。广州中医药大学的中医妇科学学科在第二代学科带头人欧阳惠卿和第三代学科带头人罗颂平的带领下，2002 年成为国家级重点学科、重点专科，2005 年成为国家级精品课程。

家学渊源　悬壶济世

1914年农历十月初七，广东南海的西樵山上，罗家添了第7个孩子，他就是后来名扬海内外的名医罗元恺。这是一个书香之家，父亲罗棣华乃晚清儒生，以儒通医，善治热病，对温病颇有研究。他悬壶于南海、广州等地，后来又参加北伐，为随军之中医。

罗元恺幼承庭训，曾就读于私塾，诵四书五经及古文诗赋，亦在父亲的指导下诵读方书。当时，其父在广州洪德路行医，罗元恺经常随父侍诊，相熟的病友亲切地称之“医生仔”。在父辈的熏陶下，他立志以医为业。

1924年广州药业八行（南北药材经纪行、参茸幼药行、西土药行、生草药行、膏丹丸散行、熟药店行、制焙药粉行、饮片行）联合香港药业三会（中药联商会、南北药材经纪行以义堂商会、参茸幼药宝寿堂商会）筹款，在广州开办广东中医药专门学校。该校是当时具有较大规模的5年全日制高等中医院校。首任校长卢乃潼在开学典礼上说："中国天然之药产，岁值万万，民生国课，多给于斯。倘因中医衰落，中药随之，其关系至大。本校设立之宗旨：习中医以存中药，由中医以通西医，保存国粹，维护土货，以养成医学之人才。"罗元恺于1930年考入该校，成为第7期学生。在学习期间，他与同班10位同学组成"克明医学会"，勤奋学习中医经典著作，共同研讨学习中的疑难，撰写医学论文，还出版了《克明医刊》。克明，取自《尚书》"克明俊德"之语。克明者，胜任也；俊德者，乃贤德之士。1934年，大学尚未毕业的罗元恺已考取广州市中医师执照。次年他以总成绩第一名毕业，并留任该校附属广东中医院住院医师，开始其医学生涯。当时主要从事内科杂病的诊疗。

抗日战争时期，广州沦陷，广东中医药专门学校于1938年停办。1939年迁往香港复课，罗元恺兼任母校《金匮要略》课教师。1941年底香港沦陷，学校再次停办。1942年初，罗元恺偕父母、妻子、兄弟从香港北上，辗转前往当时未被日军占领之粤北。在逃难途中，其父与幼弟均感染霍乱，他尽全力救治，但因药物与食物缺乏，仅挽回小弟的性命，老父亲则不幸逝世。

到达粤北之韶关市，罗元恺继续开业行医。翌年又与母校之校董梁维庆及校友潘诗宪、骆定基等共同筹划在韶关复办中医学校。但在黄田坝觅得校址，筹备开课时，闻日军欲进犯韶关，复校之事乃告吹。罗元恺被迫举家迁往广东西北部之连县（今连州市），在山区小县城开设了中医诊所，还与当地的老中医赵伯平合作创办了连县中医讲习所，全部课程均由罗元恺编写讲义及讲授。经两年之努力，已有一个班学生结业并在当地行医。在抗战期间，虽然颠沛流离，生活艰难，他仍执著于中医教育事业，为培养人才而不懈努力。

1945 年日本宣布投降，八年抗战胜利结束。是年底罗元恺即返回广州，并与校董、校友们取得联系，筹划复办广东中医药专门学校和附属广东中医院。但学校和医院已被当局占作他用，设备也全部散失。几经努力，1947 年逐步收回校舍，同年秋招生复课，罗元恺回母校任儿科教师。医院则延至 1948 年秋才得复业。

1949 年 10 月 14 日广州解放。罗元恺积极参与祖国的建设，推动中医教育。1950 年春，36 岁的罗元恺就任广东中医药专门学校校长，赵思兢、邓铁涛先后任教务主任。1951 年罗元恺兼任附属广东中医院院长，黄耀燊任副院长。

为了学校和医院的建设，罗元恺废寝忘食、夜以继日地辛勤工作。在课程设置、教学方法、医疗质量、学生管理等各个方面，事必躬亲，并广纳人才，使学校和医院的工作很快走上正轨。当时，中医工作开始受到重视，广东中医药专门学校也被广东省文教厅列入大专院校之列。学校得到政府资助，学生有助学金，毕业后由国家分配工作，中医事业呈现出前所未有的光明前途。

然而，中医事业的发展并非一帆风顺。卫生部 1951 年 5 月公布的《中医师暂行条例》与 1952 年 10 月公布的《中医师考试暂行办法》，均规定了一些不切实际的要求和过于苛刻的条件，使大多数中医不能合法执业。同年 12 月，卫生部发出《关于组织中医进修学校及进修班的通知》。1953 年，广东中医药专门学校接到省卫生厅转发卫生部的通知：“勿需培养新中医……”同年 8 月，该校被改为广东省中医进修学校，罗元恺被任命为副校长。按上级的要求，中医进修学校主要讲授西医课程，让原有的中医经过进修成为西医。这是将中医西医化的一种手段。罗元恺任职后，认为这种做法对中医事业的发展及传承不利，故仍坚持安排讲授一些中医课，努力使进修生的中医水平亦得到巩固和提高。

1956 年，周恩来总理根据毛泽东主席的指示，纠正了卫生部某些错误的政策和做法，并在北京、上海、广州、成都等地筹办四家中医学院。是年 5 月，罗元恺被任命为广州中医学院筹备委员，参与制订规划和选择校址等工作。当年 9 月，广州中医学院在广州市郊三元里招收了第一届学生。罗元恺任院务委员会委员兼《金匮要略》教研组组长。1958 年广东省中医进修学校并入广州中医学院成为进修部，他就任进修部主任兼妇儿科教研组主任。1971 年妇儿科分为两个教研室，他担任妇科教研室主任。

1977年12月，罗元恺由省政府教育部门评为教授。由于全国各家中医学院建校以来尚未设教授职称，而广东省此举又先于其他省、市、自治区，罗元恺乃成为全国第一位中医教授。1978年部分中医院校的部分学科开始招收中医研究生，广州中医学院是首批招收研究生的院校之一。而中医妇科学在首批获得硕士学位授权后，又首批获得博士学位授权，罗元恺是全国第一批中医妇科学硕士、博士研究生导师。1980年，他被任命为广州中医学院副院长兼学位委员会主席，主管教学与研究生工作，为国务院学位委员会中医学学科评议组成员。当时，中医教育百废待兴，研究生教育刚刚起步，工作十分艰辛。他凭借数十年的教学、医疗与行政管理经验，依靠资深教师，大力培育和扶持中青年教师，举办教师培训班，邀请全国的著名中医专家授课，组织编写教材，恢复教学秩序，构建合理的中医教学体系。他力主理论结合临床，认为中医基础课的教师要从临床吸取经验，临床课的教师要不断学习中医经典，提高理论水平，也要掌握新的诊断技术，为我所用。他还主张针灸学要与临床各科相结合，渗透到各个专科之中，拓展研究的广度与深度。

在60年的医学生涯中，虽然有较长的时间从事教学和行政管理工作，但他从未中断其临证实践。他早年主要从事内科，从广东中医药专门学校毕业后曾在广东中医院工作，诊治内科疾病，亦不乏危急重症。其后在诊所执业，主要看内科杂病，也有不少外感热病、妇科与儿科疾病。1956年以后在广州中医学院工作，根据需要，从事妇科与儿科工作。20世纪60年代还参与了流行性脑脊髓膜炎的诊疗。从20世纪70年代开始，乃专于妇科。

罗元恺常对年轻的医生说：内科是临床各科的基础，虽各个专科均有其特色，但都是在中医理论指导下进行诊疗，基本原理是一致的。打好中医内科的临床根基，就可以融会贯通。在他的医案中，有闭经、崩漏、不孕症、反复流产、子宫肌瘤、子宫内膜异位症等妇科疑难病；也有小儿气臌（巨结肠）、胎黄、遗尿、夜啼等儿科病症；亦不乏咯血（支气管扩张）、肌衄（血小板减少性紫癜）、鼓胀（早期肝硬化）、胸痹（冠心病）等内科病症。在20世纪60年代到70年代，他经常下乡巡回医疗，带学生实习，遇到各种疑难病症，他以自己的学识和经验，潜心辨脉，按理推求，灵妙用药，辄获奇效。

中华人民共和国成立以来，罗元恺不仅在事业上有较大的建树和发展，还积极参加社会政治活动。他在1951年加入中国民主同盟。1963年当选为第四届广东省人大代表，1978～1988年连续当选为第五、六、七届全国人大代表，为中医的振兴与发展提交了许多有益的提案。并曾担任中华医学会和中华全国中医学会理事、广东省医学会和中医学会副会长。1983年由卫生部任命为广州中医学院顾问。

博学笃行　业精于专

“博学之，审问之，慎思之，明辨之，笃行之。”此乃治学之真谛。罗元恺以毕生精力身体力行，在实践中不懈求索真知。他说：“习中医者应做到四点：一是熟读经典，二是临证实践，三是博学笃行，四是由博返约。”

罗元恺具有深厚的古文功底，在父亲的熏陶下，学习中医典籍与方书。他在广东中医药专门学校求学时，打下了扎实的中医学理论基础。在他从医、从教的历程中，仍孜孜不倦于中医学原著的钻研。早年他撰写了《祖国医学的阴阳五行学说》、《中医诊疗学的基本理论》等论文，认为《黄帝内经》的几篇大论奠定了中医学理论的基础；而阴阳学说更是贯穿于中医的解剖、生理、病理、诊法和治法等各个环节。中医学理论是古代医学实践和传统科技、文化、哲学等相结合而构建起来的，以阴阳为自然界和生命变化的根本。汉代张仲景的六经辨证，明代张景岳的八纲辨证，均以阴阳学说为基础。阴阳学说是中医理论的核心和纲领，不仅具有哲学的含义，还有着更为丰富的科学内涵。具体体现在脏腑、经络、诊法、辨证和治法方药等各个方面，是指导中医临证思维的总纲，是辨证论治中的两分法。晚年，当时中医界虽普遍认为脏腑学说是中医理论的核心，但他仍坚持己见，再撰《阴阳学说是中医理论体系的核心》一文，分析了阴阳学说的哲学概念与医学内涵，并应用现代系统论的观点，提出“阴阳是中医学整体观的大系统，脏腑学说和其他学说是其子系统”。明确指出：“脏腑学说虽是中医理论体系重要的一环，但并不是中医学理论体系的核心。”

在中医妇科方面，罗元恺系统梳理了中医妇科学理论源流，撰著《论肾与生殖》、《肾气、天癸、冲任的探讨和对妇科的关系》等文。他指出：中医生殖生理的经典理论源自《素问·上古天真论》中对于生长、发育与生殖过程中肾气、天癸、冲任作用的论述。肾为藏精之脏，“受五脏六腑之精而藏之”。天癸者，后世医家马玄台释为“阴精”，张景岳释为“元阴”、“元精”。《景岳全书·传忠录》谓：“元阴者，即无形之水，以长以立，天癸是也，强弱系之，故亦曰元精。”指出其量甚微，肉眼不可见，但作用重要，且与生殖有关。罗元恺根据前人的理论，参照现代的认识，提出“天癸”应是与生殖有关的内分泌激素，并首先提出“肾—天癸—冲任—子宫轴是女性生殖调节核心”的学说。这一学说的建立，既是对《黄帝内经》以降关于女性月经、妊娠、产育生理功能的系统总结，又是理论的升华和超越。《黄帝内经》发轫了天癸和冲任二脉对于女子生长、发育的作用，也论述了“女子胞”为女性生殖器官，但对于诸多因素的关系没有明确的阐述，而且后世注家说法不一。《神农本草经》称“女子胞”为“子宫”。按脏腑理论，女性生殖又统辖于肾。在宋、金、元时代的医籍中，又有重视血、重视肝等不同观点。明、清时代妇科医籍虽多，对此亦陈因前代。罗元恺依据现代科学对于女性生长、发育、生殖的认识，逐次分析肾、天癸、冲脉、任脉和子宫的中医学理论内涵，捋清了各要素的作用与关系，建构了“肾—天癸—冲任—子宫轴”的学说。这一学说对妇女从月经到生殖可以作恰切的解释，也在临床诊疗的实践中得以印证，并得到中医妇科学术界的认同。这一学说是他在中医妇科理论上的突出成就与贡献。

罗元恺以中医临床家名世。他 20 岁取得中医师执照，从诊所到医院，数十年如一日，悉心医治每一位患者。虽历经战乱，亦不改初衷；虽教务、公务繁忙，仍坚持不懈。至耄耋之年，依然每周门诊两三次。他认为，中医学源于实践，扎根于临床，为人类健康服务是中医的生命力所在。罗元恺初出道时，留任广东中医药专门学校附属广东中医院住院医师。当时的中医院只能使用中医中药治疗。住院的病人均属急重病者或顽残之疾，如高热持续不退、神志昏迷者，或大量吐血、喘促危殆者，或偏枯瘫痪、活动不能者，或骨折创伤、疼痛溢血者，等等，不一而足。在 20 世纪 30 年代的中国，并无公费医疗或医疗保险，若不是殷实人家，小病都不会就诊；若非急重疾病，患者不会来住院。从这样的工作环境中，有机会接触及处理这些危重、疑难疾病，对一个年轻医生是很好的锻炼机会。他在有经验的长辈指导下，从大量的临证实践中汲取知识，提高了医疗技术，锻炼了胆识。每遇疑难，则迫使自己查阅典籍，请教古人，并搜罗民间验方，验诸临床。每有所得，则记录整理，点点滴滴，集腋成裘。在数十年的临证过程中，罗元恺先从内科起步，逐渐向专科发展，并根据工作需要，专于妇科与儿科，晚年则精专于妇科。成名之后，慕名远道而来的患者众多，往往是久治不愈的疑难病症，如崩漏、闭经、滑胎、不孕等。他在诊治病人的过程中，仔细观察病情，为解除患者的疾苦，不断钻研典籍，浏览期刊，吸纳新知，经常与同道交流，向古人、他人和病人学习，更新知识，充实自己，提高自身的医术。

罗元恺是一位学识渊博的学者。他一生奉行博学笃行的宗旨，厚积薄发，目标明确。年轻时兴趣广泛，对哲学、文史、天文、地理、法律等均有所涉猎，还喜爱书法、诗词。在广东中医药专门学校毕业后，他还考取了广州大学法律系，用诊余时间修读了第二专业，并旁听了该校的部分文史哲课程。著名书法家麦华三、旅美华侨首领梁国材、经济学家梁式文等都是他当年在广州大学的校友或老师。夫人廖锦华也是他在广州大学时的校友。他从广州大学法律系毕业后，虽然从未以律师为业，但他的法律知识背景对他后来的中医教育管理工作大有助益。他认为，医学是一门自然科学，首重实践。各门科学知识都不是孤立的，而是有横向联系的。故医生除对本专业的书志要熟读和博览外，对于其他学科如哲学、文学、历史、天文、地理、化学、物理、心理学等，都应有所了解，具备一定的知识。在医史人物中，他比较钦佩张景岳，这不单纯是学术上的认同，主要是敬佩其学识广博，著述中理论纵横，头头是道。罗元恺常说："医学是一门实践性很强的科学。'熟读王叔和，不如临证多'，有理论而无实践，这是无本之木，无源之水，这种理论将是空泛的。有实践而无理论，这种实践是不能推广和提高的。”博学、审问、慎思、明辨、笃行，是指整个学习过程中的各个环节。“医学也是这样，博学之后，应该经过不断地思考、研究，以明辨是非，最终立足于实践。不断地实践，实践出真知。但实践应该有理论作指导，避免盲目实践而多走弯路。医学的进程，应该本着实践、认识，再实践、再认识，循环往复，螺旋式上升的规律，才会有较高的成就。”

罗元恺是一位治学精专的教授。他在《山东中医学院学报》的“名老中医之路”专栏以《博学笃行，业精于专》为题撰写了治学心得，指出：“做学问应该是宝塔式的，基础要广阔，但最后要有所精专。医学既与各个学科有横向的联系，本身的各个科目之间亦有联系，故首先要求学识广博。但一个人精力有限，而学问却无穷。为学之道，必须由博返约，才能精专而深入。就医学范畴来说，有基础科目，也有临床科目。就临床科目而言，则有内、外、妇、儿、五官、皮肤、骨伤等科，不可能各科都精通。当然，内科是临床各科的基础，有了基础知识和各科的一般知识之后，最终只能致力于某一科而做精深的研究。”他在理论上对《黄帝内经》和《金匮要略》研究较多，在临床上则擅长于内、妇、儿科，而精专于妇科。他说："对一门学问要专下去，不是简单的事情。学海无涯，一种学问，就算花了一生的精力，也未必能全面地洞察精微。若只有广度而无一定的深度，则犹如一叶扁舟，浮泛于汪洋大海之中，是难于到达彼岸的。”他重视实践与理论的提高，指出："医学上的专，除专科临床实践之外，更应动笔总结经验，掌握其规律，以便更好地指导今后的临床实践。因为在总结的过程中，除了整理客观资料之外，还要经过思考才能找出其规律性。古人说：‘学而不思则罔，思而不学则殆。’有了实践而不加以思考总结，便会茫无定见，那就不能进一步深入下去而有所成就。由博返约之后，还要在专业上不断下工夫，学习、实践、总结，再学习、再实践、再总结，不断深入，这是做学问应有的进程。”

学无偏执　行有定见

中医学在漫长的发展过程中形成了许多学术流派，各家学说均有特色，一方面反映了学术上的发展与创新，另一方面也受到医家所处的时代、地域影响，而带有时空的局限。古代中医的传授是以师徒授受为主要形式，这种传统的师承方式，由于接触面较狭窄，难免有偏颇之处，容易形成门户之见。

罗元恺在其医学生涯中，虽有家传之根基，却不以父子相传、师徒授受为满足，仍进入广东中医药专门学校接受系统的院校教育，实践了家学与院校教育的结合。当时该校开设的课程包括中医课程 18 门，西医课程 5 门，还有 3 门医学基础课程。中医与西医基础课程的比例约为 8.5∶1.5。这是早期的中医现代教育方式，学生可以系统掌握中医基础理论与各科专业知识，了解西医学的基本原理。

在临证实践中，他并不拘泥于一门一派，而是广泛涉猎各家之医著，分析比较，博采众长。在遣方用药之际，亦不拘于一方一法，而是因时、因地、因人制宜，灵活变通，善于法古创新。如《金匮要略·妇人妊娠病脉证并治》之胶艾汤证，证候为妊娠下血而兼腹中痛。方中用艾叶、阿胶，配川芎、当归、地黄、芍药、甘草，药性温热而行血，只适用于虚寒证之胎动不安。罗元恺在其《〈金匮要略〉妇人病三篇注释》中对此条文注曰："唯川芎、当归虽有补血之功，但其性辛温，走窜动血，特别是体属阴虚或兼有血热者不宜用，否则足以助长其出血。"并提出以中西汇通医家张锡纯《医学衷中参西录》之寿胎丸补肾安胎，合四君子汤以补气固摄，药性平和，更适合于脾肾两虚而寒象不甚之妊娠胎动不安。虽胶艾汤乃仲景经方，亦不宜执而用之。

罗元恺注重对历代妇科医家医著的研究，主张学无偏执，行有定见，广泛涉猎各家各派的观点，通过分析比较，融会贯通。他比较推崇陈自明、张景岳、傅山的学术观点，注重脾肾和气血，调理冲任，还融合了岭南温病学派养阴保津的学术观点，形成了自己的学术风格。

宋代陈自明《妇人大全良方》是现存较早的妇科专著。陈氏对于妇科病因的论述偏重于风冷和劳伤，认为劳伤血气，或寒气客于胞内，损伤冲任之脉，是导致妇产科疾病的主要因素。治法强调温补和活血。其“加减四物汤”和“良方温经汤”等流传至今，仍常用于临床。陈氏温经活血之法，正体现了补血而不腻滞，活血而不伤正之妙着。罗元恺撰写了《陈自明〈妇人大全良方〉的成就与贡献》一文研究整理其观点。

张景岳是明代医学大家，著《类经》、《类经图翼》和《景岳全书》等，虽不以妇科名闻于世，但其妇科专著《景岳全书·妇人规》理论性较强，内容全面而系统。张氏重视阴阳之理，善用温补，着重肾与命门，注意维护元阴元阳。《妇人规》指出："女人以血为主，血旺则经调而子嗣。身体之盛衰，无不肇端于此。故治妇人之病，当以经血为先。"故"调经之要，贵在补脾肾以资血之源，养肾气以安血之室"。罗元恺深谙调经种子之道，曾撰《补肾法的探讨和对一些常见病的运用》、《调补肾阴肾阳对妇科病的作用》、《脾胃学说与妇科的关系》和《妇科为什么特别重视肾肝脾》等文，提出妇科的主要病机是冲任损伤，而调理冲任就在于调理肾肝脾的观点。

罗元恺特别欣赏《景岳全书·新方八略》的两段名言："善补阳者，必于阴中求阳，则阳得阴助而生化无穷；善补阴者，必于阳中求阴，则阴得阳升而泉源不竭。”“善治精者，能使精中生气；善治气者，能使气中生精，此自有可分不可分之妙用也。”他全文点注《景岳全书·妇人规》，撰著《张景岳的学术思想及其对妇科的论点》，指出张景岳所创的左归、右归、大补元煎、加减一阴煎等为补剂之典范，甚为实用。究其原因，是其组方重视阴阳相配，以达到阴阳相长、精气互生的境界。如大补元煎以人参配熟地，右归饮以附、桂配熟地、山茱萸。唯有深悟阴阳学说的精义，才能灵活运用，彰显其效。

他颇为欣赏明末医学家傅山的《傅青主女科》，写了《〈傅青主女科〉评议》一文，认为其文体、论述、方药均立意新颖，不落古人窠臼。对于妇科疾病之病因病机，尤重视房室所伤，敢于发前人所未发，提出在经期、孕期或产后不节房事，往往导致异常之下血。但由于封建礼教的束缚，凡涉及房室隐私之事，在医著中往往隐而不发，不作论述。而正确认识房室所伤之危害，对于诊疗与预防胎前、产后下血诸证具有重要意义。傅氏提出“经水出诸肾”、“带下俱是湿证”的观点，精炼概括了女子经、带的生理与病理特点，切合临床，足以指导临证用药。傅氏创制的完带汤、固本止崩汤、安奠二天汤等亦堪称时方之范例，流传甚广，颇为实用。但就治疗崩漏而言，罗元恺对于傅氏治疗脾虚崩漏的代表方固本止崩汤则主张变通使用。他认为，岭南地区温热多湿，易于损伤气阴，妇人崩漏下血过多，脾虚者亦多兼有伤阴，固本止崩汤中虽以黄芪、人参、白术补气，熟地滋阴，当归补血，黑姜温经止血，但当归之性味俱厚，走而不守，黑姜大温，此两味辛温助热，若气阴不足者，或气虚崩漏日久，伤及阴分者，均非所宜。他主张选用守而不走、性味平和的止血药，而慎用辛温走窜之当归、川芎之类，以免增加出血量或延长出血时间。

他对于中医经典著作及历代妇科专著的研究有系列文稿，均收录于其门人整理出版的《罗元恺妇科经验集》中。

对于中医与西医的研究与发展，罗元恺反对以西医标准评判中医的做法，他指出："中医与西医是两种不同的理论体系，不要以目前的西医学为中心，把中医内容生搬硬套于西医理论之中，不应将中医药的理论经验中符合西医观点的视为合理，否则便认为不合理，这是把中医学同化于西医学之内的办法，这无异于从理论上否定和消灭了中医。西医要发展，中医也要发展，现在两者都未达到登峰造极的地步，应该互相渗透，取长补短，共同向更完善的方向发展和提高。"

20 世纪 50 年代，毛泽东主席发出"西医学习中医"的号召，提倡中西医结合，并提出"创造中国统一的新医学、新药学"的目标。从

1955年开始，卫生部在北京、上海、广州、武汉、成都、天津等地举办西医学习中医班，培养了第一批中西医结合的学术骨干。从50年代到80年代，西医学习中医曾经成为一种潮流。罗元恺经常给各种类型的“西医学习中医班”讲授中医课，或举办专题讲座，结合自己的临床经验，介绍中医补肾法、活血法的原理与临床应用。许多西医学员在他的指导下看到了中医的特色与优势，从而走上了中西医结合的道路。他在教学与医疗过程中，跟许多西医学者进行学术交流，相互切磋，优势互补，共同解决临床上的疑难问题，成为莫逆之交。如著名妇产科专家郑惠国、梁贵尚，著名心脏外科专家罗征祥，著名泌尿外科专家麦国健等。原广东省人民医院院长罗征祥与罗元恺同为第五、六、七届全国人大代表，大会期间经常被安排住同一房间。罗征祥至今仍津津乐道他们当年的一件趣事：有一年在北京开会，他晚上咳嗽不已，罗元恺关切地问：咳嗽如斯，可曾用药？他说用过多种抗生素，但已月余未愈。罗元恺说：闻此声，当属肺寒，再用抗生素已无济于事，可愿意用中药一试？当三剂而愈。随即望舌诊脉，予小青龙汤加减。果真是一剂见效，三剂则霍然而愈。罗征祥为之折服，赞叹不已！

1976 年，广东省一位病人结婚 4 年多未孕。她一向月经不调，周期 35～50 天不等。曾经在北京某西医院诊断为多囊性卵巢综合征，并使用西药克罗米芬等促排卵治疗。后来在广州孙逸仙纪念医院请郑惠国教授诊治，郑教授详细了解了她的病史与治疗经过，认为她对西药的反应不敏感，介绍她请罗元恺进行中医治疗。罗元恺诊察其证候，除月经后期，经色偏暗，还有少腹胀痛，舌红少苔，脉细等，属于肝肾不足兼气滞血瘀。拟补益肝肾，行气活血，调经以助孕。处方：菟丝子 30g，熟地 20g，当归 15g，川芎 10g，党参 15g，枳壳 12g，怀牛膝

15g，淫羊藿 10g，肉苁蓉 15g，枸杞子 15g。嘱每次月经净后配服，每天 1 剂。留渣再煎，连服 10 剂。以上方为基础，选用乌药、香附、首乌、川楝子、白芍等适当加减化裁。经过半年的治疗，月经周期已基本恢复正常，约 30～35 天，经量中等，持续五六天。仍嘱继续服药调治，按上方以桑椹、金樱子、黄精、女贞子等出入其间。1977 年 2 月怀孕，孕后两个月，曾因房事后出现少量阴道流血。拟先兆流产，给予补肾安胎治疗后，胎元得以巩固，至年底安然产下一女婴，母女健康。

1984 年，一位患者因不孕求诊。罗元恺诊察其病史以及月经、带下等情况，均属正常，乃要求其丈夫做相关检查，发现是男方输精管阻塞所致，此非药物所能奏效，遂建议其夫到泌尿外科行手术治疗。手术后再用中药调养，一年后亦喜获麟儿。

罗元恺认为，中医与西医各有所长，亦各

有其不足。中国的医生若能够同时掌握和使用中医与西医两套方法，并根据具体情况，制订最适合患者的治疗方案，使其解除疾苦，就可以充分发挥优势，弥补不足，从而提高疗效。

罗元恺虽已名声远播，诊务、教务繁忙，仍孜孜不倦地吸纳新知，了解医学的新进展，使新技术、新方法为我所用，促进中医学术的发展。他认为，学无止境，学术的发展也无止境。社会在进步，科学在发展，中医也在发展，中医现代化，就是要用最新的科学方法和技术去研究、发掘，以产生新的认识。他主动与其他学科的专家真诚合作，开展中医的科学研究，也鼓励他的研究生学习掌握新的研究手段，在学术上有独到见解，敢于创新。

1980 年他指导的一位硕士研究生在准备开题报告时，罗元恺要求学生先提出自己的研究思路。当时，学生拟从《黄帝内经》“天人相应”的理论出发，研究月经周期调节与月相的关系，主要根据《灵枢》和《素问》对人体生理与病理节律的论述。《灵枢·岁露》指出："人与天地相参也，与日月相应也。故月满则海水西盛，人血气积，肌肉充，皮肤致……当是之时，虽遇贼风，其入浅不深。至其月郭空，则海水东盛，人气血虚，其卫气去，形独居，肌肉减，皮肤纵……当是之时，遇贼风则其入深，其病人也，卒暴。"《素问·八正神明论》又提出："月始生，则血气始精，卫气始行；月郭满，则血气实，肌肉坚；月郭空，则肌肉减，经络虚，卫气去，形独居。"而明代张景岳《类经》对此的解释是："月属阴，水之精也，故潮汐之消长应月。人之形体属阴，血脉属水，故其虚实浮沉，亦应于月。"张景岳还指出："月事者，言女子经水按月而至，其盈虚消长应于月象。经以应月者，阴之所生也。"李时珍《本草纲目》对此亦有论述："女子，阴类也，以血为主。其血上应太阴，下应海潮，月有盈亏，潮有朝夕，月事一月一行，与之相符，故谓之月水、月信、月经。”古人指出人体阴血的消长与太阴月周期相适应，呈现以28～30天为一周期，近似月节律变化。这种节律，又以妇女的月经周期表现得最显著。因此，可以通过调查健康女性的月经周期，检测月经周期中与节律调节相关的物质来论证月经节律与月相的关系，并通过时间治疗法来验证和探讨月经调节与阴血消长节律的一致性。对于这一研究思路，罗元恺十分赞赏。然而，当时中医学院的研究条件很差，又没有课题经费的资助，如何实施呢？他亲自出面，请学校免疫研究室、化学教研室和统计学教研室的专家协助，共同指导学生设计研究方案，并开放实验室，进行实验方法的探索，从学校筹集有限的经费购置试剂等，使课题的研究得以顺利进行。该研究首先在北京、广州两地进行问卷调查，对922名女大学生的月经情况调查表明：其一，月经周期的终始在时间的分布上有一定规律，月经节律与朔望月周期呈现同步效应。其二，对节律调节的重要物质——降黑素（melatonin）进行周期性的测定，发现位于大脑第三脑室的松果体所分泌的降黑素既具有昼低夜高的日节律，在女性还具有与月经周期相一致的月节律。其三，对月经不调、闭经等妇科病症，根据月经周期与月相的关系，以及月经周期中阴阳气血的消长变化规律，进行因时施治的研究并取得良好的疗效。硕士学位论文得到专家们很高的评价，研究论文《月经节律与月相的联系初探》发表在 1984 年 12 月《上海中医药杂志》;《The regulation of menstrual cycle and its relation to the moon》发表在 1986 年 1 月瑞典《Acta Obstetrics & Gynecology Scandinavic》杂志上。论文得到国内外数十位学者的关注，产生了较大的学术影响。该研究也获得 1987 年国家中医管理局中医药科技成果乙等奖。这是从中医理论出发，结合临床实际，以先进的研究方法，把中医理论研究、临床研究和实验机理研究融会贯通的典型范例。

罗元恺本着学无偏执的精神，对于中医的各门各派，兼收并蓄，各取所长；对于西医学与其他学科的知识，广泛涉猎，为我所用，经过独立思考，并在实践（实验）中验证，提升为新的见解和观点，再应用于实践。这就是一位行有定见的学者的风范——只要认准了方向，不妨借用各种最新、最好的工具来拓宽自己的道路。

妇科翘楚 送子观音

罗元恺医德高尚，医术精湛，对患者和蔼可亲，有求必应，不分贵贱，一视同仁。在20世纪60年代，他经常下乡巡回医疗。有一次，他带队到广东省新丰县的山区，当地的村民知道省城的名医来了，每天排着长队等他看病。白天没排上队的病人，晚上就到医疗队的住处找他。医疗队离开的那一天，还有病人拦在路上，苦苦央求，他只得就地在路边给那几位农妇看病。后来，有一位产后闭经的患者专程到广州，守在他家门口等他下班，他热情接待，不但给病人看病，还招待病人一家食宿。

1984年，受泰国华侨团体的邀请，以罗元恺为团长、广州中医学院专家为主体的中医代表团到泰国访问，并为民众义诊，在泰国华侨华裔中传为佳话，被报刊誉为“女同胞的救星”、“送子观音”。

到了耄耋之年，他仍坚持每周看门诊。有些病人慕名远道来诊，但挂不上号，他宁愿推迟下班，尽量使外地的患者能看上病。他常说：医者父母心，就是要体察病人的痛苦，并为患者解除疾苦，这是医生的职责。病人满怀希望而来，怎能让他们失望而去？做医生要为病人着想，辛苦一点也是值得的。

他精研医道，博采众长，善于结合专科的特点运用传统的中医诊法，尤其擅长于望诊。治病则讲求标本缓急，攻补有道，善于平衡阴阳。每遇疑难有定见，进退从容如用兵。他以精确的辨病、辨证，卓著的疗效，赢得患者的信赖。

中医看病，从望、闻、问、切入手，谓之“四诊”。《难经》有“望而知之谓之神，闻而知之谓之圣，问而知之谓之工，切而知之谓之巧”之说。罗元恺尤其重视望诊，对病人神、色、形态的观察以及妇科方面经、带、恶露的辨析，总是作为第一手的客观资料。根据中医的整体观，“有诸内必形诸外”，故能视外而知内。

望诊首先望神。观察病人的神志、眼神和精神状态，对危急重症的诊断有较大意义。如神志淡漠，反应迟钝者，常为失血之征，可见于崩漏、不全流产或宫外孕破裂等，救治不及则有陷入厥脱之危象。如双目无神，眼眶下陷，神志淡漠，肌肤甲错，则为气阴两亏之征，妊娠剧吐或产褥感染热入营血之重症皆可有此表现。若非危重症而见表情淡漠，不欲言语者，多属慢性病之阳虚证。

其次是望面色。面部的色泽反映了脏腑气血的盛衰，面色晦暗或暗斑主肾虚或脾肾两虚。面颊、眼眶或额部晦暗和暗斑常见于妇科肾虚证。晦暗是黑褐而无华之色，属肾之本色。肾主生殖，面色晦暗者多有生殖功能低下之痼疾，多见于崩漏、闭经、不孕、滑胎等患者。对晦暗或暗斑的辨析，则以眼眶暗黑主肾虚，面颊暗斑主脾肾虚，下眼睑浮肿而晦暗者以脾虚为主。晦暗或暗斑的程度与病情相关，证候重则晦暗或暗斑加深，病情好转则晦暗与暗斑渐消。此外，环口暗黑则为肾虚冲任亏损。因任脉与督脉交会于唇口，肾之精气不足，则唇口不荣。但唇色暗又主寒凝、血瘀和心阳不振，应结合全身脉证予以鉴别。

望舌为望诊中最重要的内容。舌为心之苗窍，脏腑以经络连于舌本，故脏腑的寒热虚实亦可通过舌象反映出来。辨舌质可辨脏腑之虚实，视舌苔可察六淫之浅深。妇科舌诊亦有其特点。舌暗多为血瘀之象，而舌淡暗不荣润者，则主肾虚，为肾气不足，精血不能上荣之故，其特征是暗滞而淡，无润泽之色，与血瘀之紫暗不同。

望形态在妇科有特殊的意义，可察体质禀赋之强弱。形体消瘦者，阳有余而阴不足，不受温燥；形体肥胖者，有余于形而不足于气，脾气虚则易生痰湿，且不胜寒凉。若女子年逾18岁仍矮小、瘦削、乳房不丰者，为先天肾气不足，多有月经不调或闭经。毛发之荣枯，关乎肾精与气血，毛发枯槁、脱落主肾虚，女子体毛浓密，有如须眉之象，为冲任不得下泄，常因痰湿壅滞而闭经、不孕。

望经带是妇科特有的内容。观察月经、带下及恶露的量、色、质，以辨寒热虚实。如经色鲜红而质黏，为虚热；深红而质稠，为实热；经色淡红而质稀，属气血虚；暗红而质稠，或有血块，为血瘀；若淡暗而质稀如水，则属肾虚。带下以量少津津常润为善。如量多清稀如水，为脾肾阳虚；量多色白而黏，为脾虚湿盛；带下色黄或赤白相间，多为湿热；黏腐如豆渣或青黄如泡沫，为湿浊下注；带下如脓样或五色杂见，为湿毒或热毒；带下色赤而量少，可因瘀热；淡暗而稀，则属肾虚。

罗元恺说：现在用超声波、X线、造影、CT、MR等手段可以诊察体内的病变，是望诊的进一步发展。但医生对病人的整体形态、神态和舌象进行观察，仍是临证的第一要务。结合问诊、闻诊与切诊，参考其他辅助检查，均有助于对病人作出正确的诊断。

在他晚年，临床上精专于妇科，注重补肾与活血两大治法，充分发挥中医药在调经、种子、安胎以及消癥散结方面的特色与优势，学验俱丰，疗效卓著，并研究开发了“滋肾育胎丸”和“田七痛经胶囊”两个中药新药，造福于社会。

妇科首重调经，种子在于肾与血气。肾藏精，为先天之本。女子之月经、孕育均以肾为主导。罗元恺早在20世纪80年代初就指出：“肾—天癸—冲任—子宫构成一条轴，成为女性生殖功能与性周期调节的核心。”肾主生殖，故调经、助孕均以肾为本。月经周期是阴阳转化、血气消长、定期藏泻的结果。因此，调经之法，要顺应其周期性的阴阳消长，调补肾之阴阳，协调气血之盛衰，经调则孕育正常。

滋阴固气治崩漏，慎用温药乃岭南特色。崩漏是妇科之危急重症和疑难病症，其特征是月经周期、经期、经量的严重紊乱，严重者可因大量下血而危及生命。对崩漏的记载，最早见于《素问·阴阳别论》中“阴虚阳搏谓之崩”的论述。《景岳全书·妇人规》云：“崩漏不止，经乱之甚者也。盖乱则或前或后，漏则不时妄行。”指出崩漏属于月经病的范畴。然而，后世许多医著将各种妇科下血症统称为崩漏。罗元恺认为，对于崩漏的诊治，首先要确定其定义，才能分析病因病机，并准确施治。若概念含混不清，将各种原因所致的妇科下血症混为一谈，往往导致误诊、误治，贻害匪浅。他主编教材时，力主把崩漏的定义确定在月经病的范畴，在诊断时要注意排除妊娠、癥瘕、外伤等引起的阴道下血。在他倡导下，这一概念得到中医妇科学界多数学者的认同。

对于崩漏的治疗，他综合南北古今的论述，分析地域、体质之差异，指出治疗的异同：北方以寒证多见，自仲景之温经汤至傅青主之固本止崩汤，均善用温药；而岭南温暖潮湿，以阴虚或气虚、湿热等证多见，在治法上要注意顾及气阴。不宜过用芎、归之类辛燥走窜之品，以免动血，反增加其出血量。应首选首乌、桑寄生等守而不走的药物，以滋养并止血。而补气之药，亦以平为期，使血海宁静，不宜过于升散。他在临证实践中创制了补肾益气固摄止崩的验方“二稔汤”，以广东草药岗稔根、地稔根止血固崩，党参、白术等健脾益气以固摄，熟地、桑寄生等养肝肾益精血，续断固肾止血，棕榈炭、赤石脂收敛止血。固摄止血之余，兼顾肾、肝、脾三脏。下血缓解后，则继以其经验方“滋阴固气汤”巩固疗效，以菟丝子、山萸肉滋养肝肾，党参、黄芪健脾补气，阿胶固涩止血。既滋阴，又补气，亦兼顾了肾、肝、脾三脏，适用于崩漏之势稍缓者。崩漏止血后，需复旧以调整月经周期。因肾主闭藏，脾主统摄，冲任之本在肾，故复旧固本之法，旨在调补脾肾，使月经周期恢复正常。他自拟“补肾调经汤”，以菟丝子、桑寄生、续断平补肾之阴阳，辅以党参、熟地黄、枸杞等补气养血，鹿角霜固涩肾精，以补肾为主，兼顾气血以调经。

1975年初，34岁的妇女沈某求诊。患者月经周期紊乱近三年，阴道流血淋沥不断或暴下不止，屡医未效。来诊时阴道流血已两周，西医行诊刮术，病理报告为“子宫内膜增殖症”。但流血未止，量多，色鲜红，无血块，伴心悸，纳差，小腹坠痛，腰痛，睡眠不宁，面色晦黄，舌淡红，苔白微黄，脉细略滑数。结婚两年多，夫妇同居而未孕。罗元恺认为这是脾肾虚弱，冲任不固之崩漏，治以补肾健脾为主，佐以止血，以达塞流之效。处方以二稔汤加减：岗稔根 30g，地稔根 30g，制首乌 60g，川断 15g，白术 15g，炙甘草 5g，荆芥炭 9g，仙鹤草 20g，艾叶 12g。再诊时阴道流血已止，但仍头晕，腰酸膝软，小腹胀痛，口淡纳差，舌淡红略暗胖，脉沉细。流血既止，需以补肾为主，兼理气血，俾能调整月经周期，恢复排卵，以收固本之效。处方以补肾调经汤加减：桑寄生 15g，续断 15g，益智仁 10g，菟丝子 15g，炙甘草 6g，制首乌 15g，党参 12g，金樱子 15g。三诊时月经已来潮第 5 天，量仍多，未净。伴头晕头痛，腰酸软，下肢酸麻乏力，口淡，舌淡胖，边有齿印，苔薄白，脉弦细略数。经期需预为塞流，以防崩漏不止。处方仍以二稔汤加减：岗稔根 30g，地稔根 30g，制首乌 25g，菟丝子 15g，熟地 20g，金樱子 30g，续断 15g，炙甘草6g，党参12g。其后，患者之月经恢复正常周期，翌年怀孕产子。

调经培元治不孕，标本兼顾贵在变通。不孕症病因复杂，关乎夫妇双方。罗元恺认为，妇女不孕症着重调经，所谓“经调而后子嗣”。月经正常，且无痛经等病症，乃受孕的首要条件。艰于受孕者，往往有月经不调、崩漏、闭经、痛经等表现。他自拟“促排卵汤”治疗肾气虚损之排卵障碍，以菟丝子补益肾气，熟附子温补肾阳，熟地、枸杞滋肾养血，党参健脾益气，使肾之阴阳平衡，气血旺盛，冲任调和，则经调而子嗣。

1992年9月，30岁的妇女刘某因结婚3年未能怀孕求诊。患者平素月经规律，但近一年月经量减少，色暗，经间期又见有少许阴道下血，色鲜红，一两天自止。平时带下少，阴道干涩，伴有少腹胀痛，眼眶暗，形体瘦削，舌淡红，苔白，脉弦滑。夫妇双方一般检查未见异常。罗元恺诊其不孕症兼有月经过少和经间期出血，辨证属肝肾阴虚。当滋养肝肾，调经以助孕。处方：生地15g，山萸肉、丹皮各12g，旱莲草、女贞子、白芍各15g，怀山药、丹参、太子参各20g，桑寄生25g，怀牛膝、泽泻各15g。复诊谓诸症改善，经后未再出现经间期出血，舌尖红，苔微黄，脉细弱。可守上法继续调经。处方：桑寄生25g，菟丝子、怀山药、珍珠母各20g，熟地、太子参、丹参各15g，山萸肉12g，鸡血藤30g，麦芽40g。每次经后服14剂。再诊诉月经量增加，经后行输卵管通水术，提示输卵管通而不畅。舌淡红，苔白，脉细。此时前症已解，但胞络阻滞，则改用疏肝活血通络之法。处方：丹参、益母草各20g，赤芍、郁金、桃仁、乌药各15g，丹皮、枳壳各12g，川芎、青皮各10g，麦芽45g。翌月喜报妊娠。

此例为肝肾阴虚之证。一方面精血亏损，

血海不盈，则经量减少；另一方面又因阴分不足，阳气内动，引起经间期出血。治法当以调经为先。首先用六味地黄合二至丸加减，养阴益精，充养天癸，虚火自平。其后经间期出血已止，则重在滋肾，用菟丝子、桑寄生、熟地等，佐以疏肝镇潜，用麦芽、珍珠母以巩固疗效。调理3个月后，经候如常，但发现输卵管通而不畅，此为冲任不畅，胞络阻滞，则予活血通络、疏肝养血之剂，使气血条达，脉络畅顺，而胎孕易成。

导致不孕之实证主要是痰湿、瘀血。如子宫内膜异位症、慢性盆腔炎、输卵管阻塞等均以血瘀为主要病机。治疗原则以活血化瘀为主，兼行气、温经或清热。他善用三七化瘀止痛，在失笑散的基础上创制了“田七痛经胶囊”，治疗寒凝血瘀和气滞血瘀之痛经，并获得1986年广州市科技成果三等奖。

1989年2月，在广州外语学院任教的一位外籍教师因痛经请罗元恺诊治。她从15岁月经初潮后即有痛经，尤以经行第一日为甚，每月需口服或注射止痛药。两年前在英国诊为“子宫内膜异位症”，手术切除左侧卵巢巧克力囊肿。术后痛经减轻，近一年旧病复发，痛经又逐渐加重。经量多，色暗，有血块，持续七八天，胃纳欠佳。刻诊正值经前，察其形体消瘦，舌淡暗，苔白，脉沉细迟缓。辨证属寒凝血瘀，胞脉阻滞。治宜温经散寒，活血化瘀。处方：小茴香10g，桂枝12g，干姜5g，蒲黄9g，五灵脂10g，当归12g，川芎10g，白芍15g，乌药15g，苍术9g，鸡内金10g，谷芽30g。每日1剂，另加服田七痛经胶囊，每日3次，每次3粒。并戒生冷寒凉之饮食。服药一周后，月经来潮，痛经大减，经量亦减少，夹小血块。自诉是月经来潮后从未有过的舒畅，几乎不感觉腹痛，称中药为“魔水”。

痰湿阻滞以致不孕者，其病机主要为脾肾

气虚，内蕴痰湿。气虚则不能运化水湿，聚液成痰，痰湿又阻碍气机之运行，互为因果。往往形体肥胖，面色苍白晦黄，多有月经失调，甚至闭经，或见肢体多毛。常见于多囊性卵巢综合征，排卵不正常，甚或无排卵，因而月经稀发，难于受孕。罗元恺认为，此乃虚实夹杂之证，需攻补兼施，一方面燥湿化痰以治标，另一方面健脾补肾，理气活血以固本。还要察其虚实之孰轻孰重以取舍。痰湿偏重者，他善用苍附导痰丸（《叶天士女科诊治秘方》：茯苓、半夏、陈皮、苍术、香附、胆南星、枳壳、神曲、生姜、甘草）合佛手散（《普济本事方》：川芎、当归），或加黄芪、破故纸、桃仁等；若偏于脾肾不足，则以"促排卵汤"为主，合二陈汤（《和剂局方》：半夏、陈皮、茯苓、甘草），以攻补兼施。

胎孕以封藏为本，重在固摄安胎。罗元恺指出："胎孕的形成，主要在于先天之肾气；而长养胎儿，则在母体后天脾胃所生化之气血。”若先天禀赋不足，如子宫发育不良或形态异常，为先天之虚；若大病久病，为后天之虚；若因妊娠期劳累过度，或房劳所伤，甚或屡次堕胎、小产，是孕后所伤，封藏失司，皆属肾虚。除先天禀赋不足者外，多由劳伤所致，影响肾之封藏，则胎元不固，轻者胎漏、胎动不安，甚则堕胎、小产、滑胎。安胎之基本原则，重在补肾以固胎元。是以固摄之法，制动以静，使之恢复封藏之功。肾主先天，脾主后天，故安胎还须兼顾脾胃，益气养血。肾脾合治，从先天以固胎元，从后天以养胎体。并结合孕妇体质的寒热虚实，适当加以用药。他创制了“补肾固冲丸”，该方因疗效卓著，得到学术界的广泛认同，已载入《中医妇科学》第四、五、六、七版教材。罗元恺在此基础上进而研究开发出中药新药“滋肾育胎丸”，以补肾固摄为主，佐以健脾养血。这一研究成果获得 1983 年卫生部科技成果乙等奖，并成为国家中药保护品种。其后他还指导拟定健脾补肾并重以治疗免疫性反复流产的“助孕Ⅲ号方”，做了大量的临床与基础研究，取得了丰硕的成果。研究课题“免疫性自然流产与免疫性不孕的中医治疗”获1997年广东省科技进步二等奖。

他说：“补肾安胎的药物，以菟丝子为首选，应作为主药而加以重用。”该药具有安胎和去暗斑之效，阴中有阳，守而能走。而在补气健脾药中，则首选党参，《本草正义》谓其“健脾而不燥，养血而不滋腻，能鼓舞清阳，振动中气而无刚燥之弊”。若元气较虚者，再加用人参。

劳伤冲任是导致胎动不安的重要原因。劳伤，包括劳神、劳体和房劳。劳神者，忧虑过度伤心脾，郁怒则伤肝，惊恐可伤肾，悲伤易伤肺。可影响气机，使气虚失摄，或气机逆乱。劳体者，劳倦过度则伤脾肾，跌仆外伤则伤气血。房劳者，往往是妊娠早期不节房事，损伤肾气，伤动胎气。针对因劳而动胎的常见诱因，罗元恺提出：“安胎之要，着重一个‘静’字，药性宜静不宜燥，身体宜静不宜动，情绪宜静不宜躁。”

1976年3月，香港《大公报》一位资深报人的夫人陈某慕名找到罗元恺。她结婚7年，曾怀孕4次，但妊娠两三月后必应期而堕，末次堕胎后四载未能怀孕。曾往北京、上海各大医院诊治，皆未奏效。患者已36岁，月经周期尚准，但一向经量较多，色淡，有小血块，每次用卫生纸两三包，经常神疲体倦，腰酸痛，下腹坠胀，夜寐不安，多梦，胃纳欠佳。面色青白，上唇有暗斑，舌淡红，苔微黄略腻，脉细滑。罗元恺详察其病史与症状，认为其病情复杂，素有月经过多，又发生反复流产，再继发不孕。但三病虽异，其源则一，皆由肾气亏损，冲任不固，脾气虚弱，失于闭藏摄纳。治宜补肾健脾为主。处方：菟丝子 30g，桑寄生 25g，熟地 25g，淫羊藿 10g，金狗脊 10g，党参 20g，白术 15g，炙甘草 9g。患者服药调理两月余，月经有改善，仍觉神疲，腰微酸，白带多，质稠。乃继续以补肾扶脾为主，使精血充足。处方：菟丝子 25g，桑寄生 25g，淫羊藿 10g，党参 15g，白术 15g，枸杞子 15g，巴戟天 15g，山茱萸 12g，茯苓 20g。6 月 19 日三诊，经量明显减少，但经后腰酸，下腹坠胀，失眠，纳差，尿频，舌淡暗，苔薄白，脉细弦缓。治以滋肾宁神。处方：菟丝子 25g，干地黄 25g，枸杞子 15g，金樱子 25g，夜交藤 30g，何首乌 25g，巴戟天 15g，桂圆肉 15g，山茱萸 12g。8 月 18 日四诊：正值经行第 4 天，经量正常，精神好转，已无腰酸腹坠感。舌暗红，苔薄黄，脉缓略弦。治宜补肾健脾摄血。处方：熟地 20g，桑寄生 25g，首乌 30g，岗稔根 30g，旱莲草 15g，女贞子 15g，党参 20g，白术 12g，鹿角霜12g。

9月底，患者已停经45天，喜知有孕，胃纳尚可，但恶心呕吐，下腹胀，神疲，腰酸，矢气频，大便干结。舌暗苔薄白，脉细弦滑。嘱其注意休息，禁房事，用补肾健脾益气安胎之法，以防再次滑胎。以寿胎丸加减：菟丝子25g，桑寄生20g，续断15g，桑椹15g，党参15g，茯苓25g，陈皮5g。妊娠两月余再诊仍纳差，恶心，身有微热，口苦，多梦，腰酸，下腹坠痛，舌暗，尖稍红，苔微黄，脉细滑尺弱。审其脉证，证属肾虚，夹有胎热，宜补肾健脾，佐以清热安胎。处方：菟丝子25g，桑寄生15g，续断15g，党参15g，北沙参15g，黄芩10g，白术12g。继续以寿胎丸合四君子汤加减化裁，胎元终得巩固，1977年5月足月顺产1男婴，母婴健康。

妇科癥瘕，需消癥散结，活血还需行气。妇科常见病子宫肌瘤、子宫内膜异位症、卵巢囊肿、盆腔炎症包块等均属于癥瘕的范畴。罗元恺认为，妇女胞中结块，形成癥瘕，主要是气滞血瘀或痰湿壅聚，均属有形之实邪，但往往由于久病或过用攻法而损伤气血，虚实错杂。治法上既要行气化瘀，或燥湿祛痰，软坚散结，以治其标，也要益气养血以固其本。况且子宫肌瘤、子宫内膜异位症可引起月经过多，使阴血更虚，若一味峻攻，恐伤正气，总宜攻补兼施，适当运用。他主张以行气散结软坚之法缓图之，配合祛瘀、止血、止痛，佐以益气养血，达到祛邪而不伤正之目的。他创制的“橘荔散结丸”以岭南特有之橘核、荔枝核行气散结，配合行气止痛、益气止血、软坚散结、活血消癥之品，经近20年的临床应用，对于子宫肌瘤及其所导致的月经过多、经期延长等具有良好疗效。对于妊娠合并子宫肌瘤者，亦可以在整个妊娠期内安全地使用。

1975年6月，28岁的技术员谭某因严重的痛经从外地来诊。她从两年前开始经期腹痛，并逐渐加重，每次月经前至经期下腹疼痛难忍，伴腰痛和肛门坠痛，甚则呕吐，出冷汗，不能坚持上班。从1975年2月开始，经量增多，经期延长达10多天，血块多，块出痛减。月经周期基本正常，大便溏，有时每日大便3次。西医诊为“子宫内膜异位症”，治疗未效。妇科检查发现子宫体后倾，活动受限，子宫后壁可触及小结节，触痛明显；双侧附件增厚，有压痛。舌淡暗，舌边有小瘀点，苔薄白，脉弦细数。罗元恺认为，这是气滞血瘀，阻滞冲任，血不归经，导致继发性痛经、月经过多和经期延长。当用活血化瘀，行气止痛之治法。处方：五灵脂10g，蒲黄6g，大蓟15g，茜根10g，九香虫10g，乌药12g，木香6g（后下），益母草25g，岗稔根30g。两月后复诊，谓痛经稍减轻，但月经仍淋漓不止。治法如前，加强活血化瘀之力。处方：田七末3g（冲服），五灵脂10g，蒲黄6g，九香虫10g，橘核15g，干地黄25g，白芍20g，甘草9g。9月24日三诊时痛经明显减轻，舌淡略暗，脉弦细。照上方去干地黄、木香，加乌药12g，川断15g，首乌25g，党参15g，调理气血。10月28日四诊正值经行第5天，经量减少，腹痛大减。舌淡暗少苔，脉弦细略数。分拟两个处方：一方仍依前法，在经前两三天和月经期服，重在治标以止痛。处方：田七末3g（冲服），五灵脂10g，蒲黄6g，益母草30g，九香虫10g，鸡血藤25g，山楂子20g，续断15g，桑寄生25g，白芍15g，甘草9g。二方在平时服，重在调理气血以固本。处方：大金不换20g，九香虫10g，当归20g，白芍16g，甘草9g，乌药12g，橘核15g，木香6g（后下）。使气血畅行，消散瘀阻。患者回当地依上方按月调治半年，再来复诊，诸症已好转，月经量正常，5天即净，经期亦无明显腹痛，但觉口干苦，睡眠欠佳，多梦，舌稍淡暗，少苔，脉弦细数。仍拟两方。一方经前服，拟继续化瘀消癥，以巩固疗效：五灵脂 10g，蒲黄 6g，九香虫 12g，香附 12g，丹参 15g，赤芍 12g，怀牛膝 15g。二方平时服，以滋养肝肾，补益阴血：女贞子 20g，旱莲草 15g，丹参 16g，干地黄 25g，夜交藤 30g，白芍 15g，九香虫 6g，香附 9g。以免久用行气活血之品，损伤阴血，故邪去八九后，当顾及正气。其后复查，子宫后壁未触及明显结节，亦无触痛，双侧附件亦无压痛。随访两年，并无复发。

岭南温热偏盛，须时时顾护阴津。早年受其父影响，罗元恺对温病颇有钻研。广东地处岭南，乃亚热带地区，常年气温偏高，长夏多湿，故岭南人的体质往往偏于阳盛、阴虚或气阴不足，易患温热、湿热之证。他推崇叶天士的《外感温热篇》和吴鞠通的《温病条辨》，认为热病传变迅速，最易伤阴，而阴津是人体正气的物质基础，以濡养脏腑肢节。因此，在温病的各个阶段，均应注重养阴保津，以防津亏液竭，耗损真阴而变生不测。他曾著《温病保津养阴的重要意义》，提出热病护阴三法，即间接护阴、直接护阴和综合护阴。在热病之初期阴津未伤，宜间接护阴。此时以祛邪为主，通过清热解表或清热解毒，有下血者凉血止血，清热之中寓护阴之意；若病情进一步发展，阴津已伤，则应直接护阴，使用甘凉、甘寒、甘润或甘咸之品，濡养阴津。如生脉散甘凉以润养上焦，增液汤甘寒以濡养中焦；三甲复脉汤、大小定风珠等甘咸以滋养下焦，均属直接填补滋养津血阴精。热病后期阴分已伤而邪热未去，则须综合护阴，清热与养阴并重。灵活掌握热病治疗中祛邪与扶正两个侧面，注意保存阴津，不宜妄用苦寒攻伐或辛温耗散之品。

1967年春季，广州地区发生流行性脑脊髓膜炎，疫情严重，流行甚广。罗元恺临危受命，参与流脑病区的医疗工作。他根据温病学的理论，分析流脑的证候特点，认为该病属于瘟疫之热伏证，故具有迅发高热、头痛、项强、呕吐、倦怠，甚则神昏、斑疹隐隐，舌红，苔黄或腻等表现。应采用清瘟败毒饮加减，清热解毒，佐以护阴。他在简陋的条件下，以中药为主治疗 500 多例，少数辅以静脉输液和西药，大多数予以中药汤剂口服而愈，疗效达 99.6%，仅 2 例死亡，发挥了中医药治疗急性传染病的作用。

在妇科方面，因热而动血者亦不少见。如阳盛实热或阴虚内热而致胎漏、胎动不安者，罗元恺主张以养阴清热为主。热性善动，扰动胎气，在清热之际，须顾护阴津，热去精藏，以达保胎之功。肾阴不足导致虚热内生者，重在滋阴潜阳以降火；实热炽盛者，可适当清热凉血，但务须兼顾养阴。前者可用寿胎丸合二至丸，或加少许黄芩；后者可选保阴煎，酌加茯苓以健运脾胃，并有安神镇静作用；或用清经散，酌加续断，则固肾而安胎。有阴道出血者，加地榆、侧柏叶、仙鹤草等凉血止血。但不可固执“黄芩白术乃安胎圣药”之说，滥用苦寒清热之品。他认为，中医治病必须辨证施治，以证定方，切忌固执一病一方。用药如用兵，医者之功力就在其中。

良师善教　桃李满园

罗元恺不仅是一位中医临床家，还是一位中医教育家。他终生执著于中医事业，既工于医术，亦善于教学，博学多才，在学术上建树甚丰，乃德学双馨之典范。他在学术上的成就，奠基于治学、教学与研究的正确方法与长期积累。

他从 20 世纪 30 年代开始从事中医教学，曾担任《金匮要略》、中医内科、中医儿科、中医妇科、中国医学史、中医基础理论等课程的教学工作；先后担任广东中医药专门学校校长，广州中医学院进修部主任、妇儿科教研室主任、副院长等职，既长期从事教学行政管理工作，又不脱离教学实践。他对中医教育事业倾注了毕生心血，对中医临床学科的课堂教学与实践教学有丰富的经验，并提出因材施教、广开思路、理论结合临床的教学方法，是现代中医教育的一代大家。

罗元恺在长期的教学实践中，总结了中医教育的一些规律。他认为中医首先来源于临床，理法方药均应用于临床，故能够扎根于民众之中，而中医独特的理论体系，其哲学和科学的内涵，则是中医学在两千多年的历史过程中持续发展的基础。因此，现代中医教育不可偏废理论与临床。他提出中医教学的几条原则：①以中医基础理论为纲。中医、中药各个学科都是以中医基础理论为纲领，而各个学科又有其专科的理论特点，是由中医基础理论派生出来，并用于指导本学科的临床实践。②理论联系实际。中医学是一门应用科学，扎根于临床，能治病、治好病是其生命力所在。中医基础课和临床课的教师都不应脱离临床，要在医疗实践中验证和发展中医理论，以医促教。③因材施教。要根据学生的层次、基础、能力、学习目标等制订教学计划，着重解决教学中的重点和难点问题，启发思路，培养临床与研究的能力。

在中国近现代史上，由于西医、西药的传入和西医的迅速发展，中医曾一度受到压制，而中医理论受到的冲击更大。“中医不科学”、“废医存药”的论调使中医理论面临废亡的危机。中华人民共和国成立以后，政府的支持使中医药得到较好的发展，中医教育也走上正轨。但有一段时间，重实践轻理论的实用主义倾向严重影响了中医理论的教学与研究。有感于此，罗元恺在20世纪70年代撰写了《如何把临床课教学工作做好》一文，强调中医理论的重要性，认为中医基础理论是临床各科理法方药的指导性纲领。如不掌握中医理论，则辨证不明，论证不确，若以方套病，对号入座，就丢掉了中医学的精华。另一方面，理论也要指导临床，并在实践中进行验证，使之提升到新的高度，取得新的突破。

他致力于教材建设，主编了全国高等中医药院校统编教材《中医妇科学》第5版。该教材对于学科的某些基本概念进行了界定，如“天癸”是“影响人体生长、发育和生殖的一种阴精”，“崩漏”是“经血非时暴下不止或淋漓不尽”，对于月经产生的机理进行了理论阐述，把“异位妊娠”写入“妊娠病”，还附录了妇产科常见急症的诊断要点。这是历版《中医妇科学》教材中影响最大、应用最广、使用时间最长的一部教材，目前仍作为香港中医师执业资格考试的蓝本，也作为台湾长庚大学中医学系的教科书。第5版教材出版后，他又主编了与其相配套的《高等中医院校教学参考丛书·中医妇科学》。这是第一部中医妇科教学参考书，内容全面而系统，对教学中的重点、难点和疑点进行了详尽的阐述，对历史沿革与各家论点进行了系统的论述与分析，对现代研究成果亦有概括性的介绍，成为教师和学生的重要参考书籍。该书出版后经多次重印，并由知音出版社在台湾发行，影响深远。在此之前，他还曾主编《中医儿科学》第一、二版全国统编教材，参与编写《中医妇科学》第4版教材。

他在《漫谈中医的“学”与“教”》一文中论述中医的教学与学习，认为学中医要循序渐进，善于自学，独立思考，勤学多练。教师应因材施教，根据学生的水平和基础，讲课的广度、深度、重点均应有所区别，并注意结合临床实际，使学生学以致用。他对教学极其认真负责，同一门课，对不同的班种就有不同的讲课方式，备课、讲课均顾及学生的特点。如对于本科学生，因其未有临床经验，需要把诊断与鉴别、辨证与治法详作讲解；而进修生、西医学习中医学员已有一定的临床基础，诊断与鉴别可以简略一些，重点是中医辨证论治的特点，并注意介绍临证中的经验教训；对于硕士、博士研究生，其层次较高，基础较好，就应该着重介绍学科的最新进展，并指出一些悬而未决的问题或有争议的观点，以启发其思路，鼓励其深入探讨。在实践教学中他注意培养学生的基本技能，使之掌握临床思维与诊疗方法。他在古稀之年还主办了全国中医妇科师资班，并亲自主讲，同时也邀请国内十多位著名妇科专家前来讲学，融会各家精华，取得良好的效果。

他认为教学也是一个学习的过程。在备课时大量查阅资料，并通过总结、归纳临床经验，温故而知新，在理论上加深认识；而在教学过程中，需要对一些学术上的疑难问题进行思考，也启发和促进了理论和临床研究，达到“教学相长”的境界。

他治学严谨，勤于著述，笔耕不辍，除编

写教材外，还经常撰写学术论文，发表于各级专业刊物，或在学术会议上交流。从 20 世纪 80 年代开始相继结集出版了《罗元恺医著选》、《罗元恺论医集》、《罗元恺女科述要》等专集，整理注释《景岳全书·妇人规》，并出版《点注妇人规》，主编《实用中医妇科学》，参编《中国医学百科全书·中医妇科学分册》。在同时代的中医专家中，许多老中医终生忙于诊务，少有著述，宝贵的临证经验散失于身后，甚为可惜！而他的著述颇丰，给后人留下了大量的著作和手稿，从中体现了他的深厚理论根基与学术功力，也反映了他善于总结临证经验，并在理论上加以提升的探索精神。

罗元恺以传播和振兴中医药事业为己任，善于因材施教，桃李遍布海内外，至晚年仍育人不倦。1991 年罗元恺被确定为第一批全国老中医药专家学术经验继承工作指导老师，其学术继承人张玉珍、罗颂平 1994 年结业出师。

著名痘疾专家李国桥是广东中医药专门学校毕业生，现已退休，常念念不忘老校长当年的教导。欧阳惠卿、吴沛霖、张玉珍、罗颂平等是广州中医学院的毕业生，已成为中医妇科领域的佼佼者。罗元恺的第一位博士研究生郑国平毕业后到美国纽约行医，是美国中医药针灸学会副会长。

罗元恺在晚年仍赴泰国、新加坡及中国香港和澳门等地讲学，并出席第二、三届亚洲中医药学术大会，在国内外颇有声望。他的生平和成就已被载入英国剑桥《世界名人录》和美国《国际名人辞典》。

1994 年 10 月，广东省中医药管理局和广州中医学院隆重举办了庆祝罗元恺教授从医从教 60 周年暨 80 华诞纪念会。广东省政府领导同志亲临祝贺，罗元恺的众多学生、弟子纷纷从海内外回到母校，向老师表示敬意和祝贺。

淡泊自甘　宁静致远

做学问是艰辛、寂寞之事，需要经过长期的积累，深入的思考，甚至是终身的奋斗，才能厚积薄发，有所收获。若没有坚定的信念，执著的专业精神，浓厚的兴趣，则难以长期沉浸于学问之中，往往是浅尝辄止，半途而废。

20 世纪以来，中医的生存与发展更是充满艰辛，困难重重。罗元恺在事业的征途上经历风雨，屡受挫折，仍不改初衷，坚定不移地为中医事业奋斗一生，表现了一位中医学家对事业的赤诚之心。

20 世纪 30 年代，罗元恺踏足医道之时，战乱频仍，民不聊生。在抗日战争期间，广东中医药专门学校与广东中医院被迫停办。为了躲避战乱，罗元恺与家人数度逃难，辗转于香港、广西、粤北山区，为谋生计，亦曾从事税务、小学教师等工作。但生活略为稳定，他即努力开设中医诊所，开办中医讲习所，从事中医的临床与教学。

除了战争的破坏，中医事业还屡受行政之压制。1929年，南京国民政府卫生部第一届中央卫生委员会通过了余云岫所提出的《废止旧医以扫除医事卫生之障碍案》，禁止设立中医学校，从而引发了全国中医药界的强烈抗议。各地中医药团体在上海成立总联合会，广东中医药专门学校也派代表参加，并组成请愿团到南京请愿，最终迫使国民政府取消了该提案，余氏之提案未能付诸实施。中华人民共和国成立后，中医教育得以纳入高等教育系统，得到政府的资助，中医工作开始呈现前所未有的光明前途。然而，当时的卫生部个别领导人在全国卫生工作会议上提出“中医不科学”，把中医院校改为学习西医的进修学校，中医事业再次遭受打击。在这个过程中，罗元恺目睹了中医事业的跌宕起伏，亦亲历了中医学校起死回生的存亡之变，更坚定了为中医事业奋斗的信心和决心。

罗元恺 1968 年至 1971 年在干校劳动 3 年，昔日的名医每日要做粗重的农活。在身心备受磨难的日子里，他经常在心里默念着孟子的名言："天将降大任于斯人也，必先苦其心志，劳其筋骨，饿其体肤，空乏其身，行拂乱其所为，所以动心忍性，曾益其所不能。"坚信一定能继续以自己的知识为祖国、为人民服务。

1980 年后，他虽名望日隆，学术地位甚高，但仍然保持谦虚谨慎的处世态度，淡泊自甘的行事风格，公正宽容的工作作风，勤求学问的学者风范，身体力行，乐于奉献，为振兴中医而不懈奋斗。1984 年，他写了《七十书怀》抒发其感受：

一

七十高龄鬓已斑，中医事业尚多艰。
老骥岂能甘伏枥？鼓其余勇续登攀。

二

浩如烟海古医籍，半生研读欠真知。
勤求古训求启导，群书博览觅珠玑。

在罗元恺的晚年，中医的发展欣逢盛世，政府的投入增加，中医教育的层次提高、规模扩大，他甚感欣慰。但在市场经济的大环境下，对于经济利益的片面追求使得中医院日渐西化，许多年轻的中医亦重西轻中，一些颇有名气的医生则重医轻教、轻研，甚至在临证时对患者夸大其辞，置中医学术于不顾，一味追逐名利，有损于中医的名声。对此，罗元恺深恶痛绝。他常说：医者，有上、中、下三品。医之上者，以医为终生之事业；医之中者，以医术为谋生之手段，若诚以待人，取财有道，亦无可厚非；医之下者，以浅薄之技谋取名利，巧言令色，欺世盗名，败坏中医的名声，则应当受到谴责。

他具有坚定的意志和顽强的毅力，虽历经风雨，仍坚守发展、振兴中医事业的信念。作为全国人大代表，他积极为振兴中医而建言献策，呼吁为中医立法，为推动中医事业的发展作出了不懈的努力。

他一生淡泊名利，专注于学术研究与临证，著书立说，总结经验，研究学问，培养学生，乐此不疲。纵有种种困难曲折，亦处之泰然。曾题写“岂能尽如人意？但求无愧我心”以言其志。

继承创新　代有传人

罗元恺在1956年参与筹办广州中医学院(现为广州中医药大学)，并创建了中医妇科学学科。作为中华人民共和国成立后第一代中医妇科学学科带头人，30多年来他勤恳耕耘，立业树人，以独到的眼光和卓越的见识描绘学科发展的蓝图，以自身的成就带动学科的建设和发展，培养和造就了第二、三代学科带头人，使广州中医药大学的中医妇科学继续在全国保持领先的学术地位。

早年曾就读于广州大学，并一直从事中医教育的罗元恺对于学科建设和人才培养具有长远的目光和独到的见解。学科是一个专门领域的知识体系，也是进行科学研究、人才培养与社会服务的载体，因此，学科的建设首先是学术的提升。

中医妇科学作为中医学领域的一门临床学科，医疗固然重要，但不能光会看病，还要有高水平的研究和教学，有高层次的人才、教材与成果。基于这样的理念，罗元恺把医疗、教学和科研放在同等重要的位置。他重视教材建设。他主编的《中医妇科学》第5版教材，系统地反映了中医学在妇科领域的特色与优势，确立了中医妇科学理论的基本框架，形成了较完整的学科知识体系。这部教材对中医妇科学界影响深远，也奠定了广州的中医妇科学学科在全国教材建设的学术地位。在他身后的10余年间，欧阳惠卿、张玉珍、罗颂平等先后主编了5部《中医妇科学》教材，在继承、丰富、发展学科知识体系的基础上，有所突破和创新，形成了教材体系。

针对有些临床课教师认为临证医疗是经验

的积累，教学只是知识的输出，因而有重医轻教、重医轻研的倾向，罗元恺提出，备课与讲课的过程也同样是学习的过程，“教学相长”，在临床专业课程的教学中，教师通过研究教材和查阅资料，可以在理论上得到提高。他在担任妇科教研室主任的时候，就已提出设教学组专职教学，每年轮换一批，教学组的几位教师以授课、见习带教和教学研究为主要工作，可以看门诊，但不参与病床管理和病区值班，以保障专职教师把主要精力用于教学。这种机制已作为妇科教研室的制度执行至今。

罗元恺重视学科的学术研究。中医学形成与发展的历史悠久，中医经典著作和历代名家医著中包含了中医理论与临证的精粹，应当在传承的基础上发展、创新。他抓住中医妇科在宋、明以后的发展脉络，以调经、种子、安胎为主要专科特色，对月经病、不孕症和反复流产等妇科常见病、疑难病进行深入研究。

在他的带领下，学科的研究方向逐渐形成，并得到稳定和持续的发展。20 世纪 80 年代以来，研究开发了 3 个中药新药，获得 4 项省部级二等奖和 3 项省部级三等奖。在中医药防治自然流产、异位妊娠的研究方面达到全国领先水平。

对于学科团队的培养，罗元恺更是深谋远虑，独具慧眼。从 20 世纪 60～80 年代，妇科的学科梯队逐渐形成。当时，有一批老中医作为学术骨干，如罗振华、伍华生、陈焕然等；还有一些有经验的西医专家，如朱必真、罗清华等，共同参与教学和医疗工作；又陆续在广州中医学院的毕业生中选留了一批优秀人才，如欧阳惠卿、吴沛霖、张玉珍、魏祝娣、罗颂平、邓高丕、许丽绵、李坤寅等，并吸引了西医院校的优秀毕业生，如刘宇权、梁国珍、严英等。形成合理的学历、学缘与知识结构和年龄、职称层次。他重视品德的修养，以身作则，弘扬正气，形成严谨治学、团结协作的学科氛围。他鼓励中青年教师在职进修、培训，扩展知识面，提升能力，提高医疗、教学与研究水平。他亲自带领中青年骨干参加学术会议，参与教材编写，在实践中锻炼才干，担当重任。

广州中医学院第三届毕业生欧阳惠卿1964年毕业后留校工作，跟随罗元恺多年，从临床、教学到编写教材，都得到罗元恺的直接指导。她学验俱丰，1993年被评为“广东省名中医”，并成为中医妇科学第二代学科带头人和国家级重点专科带头人，是全国第三批老中医药专家学术经验继承工作指导老师，曾任中华中医药学会妇科分会副主任委员、广东省中医药学会妇科分会主任委员。她主编的《中医妇科学》，2005年获全国医学院校优秀教材一等奖。

1963年就读于广州中医学院的张玉珍，

毕业后一直跟随罗元恺编写教材和专著，积累了丰富的工作经验。1991 年，罗元恺被确定为全国首批老中医药专家学术经验继承工作指导老师，张玉珍和罗颂平成为他的学术继承人，于 1994 年结业出师。其后，张玉珍主编了国家级“十五”、“十一五”规划教材《中医妇科学》。

罗颂平是罗元恺的独生女儿。中年得女，罗元恺对爱女的培养独具匠心。他让女儿从小帮忙抄写讲义和文稿，使其耳濡目染，得到中医药文化的熏陶，鼓励她学好英文，要求她自立、自强，掌握学习的方法，学会各种生活技能。20 世纪 80 年代后有了学习深造的机会，则支持她考研究生和出国进修。女儿在取得中医妇科学硕士学位后，1988 年获得卫生部资助到美国研修生殖免疫学；2001 年再获教育部重点项目的资助，在耶鲁大学研修生殖药理学。罗元恺于 1988 年赋诗二首，送女儿赴美进修：

一

展翅腾飞万里行，多闻博识可润身。

中华儿女均英俊，医技新峰勇攀登。

二

珍重人生锦绣程，学无中外术求精。

广交师友存知己，天涯虽远暂居停。

罗颂平秉承家传、师承与院校教育之综合优势，1997 年起成为中医妇科学的第三代学科带头人，并带领该学科在 2000 年成为省级重点学科，2002 年和 2007 年均入选国家级重点学科，2005 年中医妇科学课程成为国家级精品课程。她主编了国家精品课程主讲教材《中医妇科学》和案例式教材《中医妇科学》，整理出版了《中国百年百名中医临床家丛书·罗元恺》和《罗元恺妇科经验集》。2003 年兼任国务院学位委员会第五届学科组成员，2005 年担任中华中医药学会妇科分会副主任委员。

罗元恺具有高尚的情操、执著的专业精神，做人、做事、做学问都堪称楷模。中国传统文化崇尚三立，即立德、立功、立言。罗元恺在从医、从教60年的历程中，以其崇高的医德和师德，为后人树立榜样，是为立德。他创建了中医妇科学的学科体系，在中医院校教育体系建设方面作出了卓越贡献，并为中医研究生教育做了大量开拓性的工作；他学验俱丰，治病救人，愈人无数，因材施教，桃李满园，是为立功。他学术造诣深厚，勤于著书立说，系统地整理和阐发了中医妇科理论，提出一系列新观点，首先提出“肾—天癸—冲任—子宫轴是女性生殖调节核心”的概念，是为立言。

他为人厚道、谦和，处事公正、得体，颇有人缘，既受到中医同道的推崇，亦得到西医专家的尊敬，在患者的心目中更是享有崇高的地位，他与许多老病号结为朋友。他平素喜欢安静地读书、练字，偶尔也写诗作对。他素有书法的根基，在他当年读书用过的讲义上，用小楷写的眉批非常工整。晚年喜欢欣赏碑帖，尤其是王羲之、颜真卿的作品。他与广东著名书法家麦华三是至交，经常切磋书艺，也收集了不少麦老的墨宝。他不善体育运动，但喜爱栽种花草，傍晚时分，常牵着外孙女的手到户外散步，挑一束百合、菊花，插在客厅的花瓶欣赏；或买一两株茉莉、月季，养在阳台上，每天浇水修枝，亦赏心悦目。这就是他休息和锻炼的方式。他心境平和，深悟阴阳平衡之奥秘。谨守《素问·上古天真论》中“法于阴阳，和于术数，食饮有节，起居有常，不妄作劳……恬淡虚无，真气从之，精神内守，病安从来”之要旨，以其丰富的阅历，不管风吹雨打，亦胜似闲庭信步。曾自题“生命在于运动，长寿在于静养”。此乃其养生之道。

罗元恺以毕生的心血致力于中医事业，孜孜以求，自强不息，在学术研究、临证和中医教育等方面独树一帜，著述蔚为大观，影响深远。其品德高尚，仁心仁术，淡泊名利，治学严谨，造诣深厚，是当代中医的一代名家。

（撰稿人　罗颂平）

裘沛然	顾伯华	江育仁	邓铁涛	门纯德
刘渡舟	尚天裕	朱良春	李玉奇	程士德
尚志钧	赵绍琴	董建华	米伯让	李辅仁
张珍玉	班秀文	颜正华	于己百	颜德馨
路志正	方药中	王乐匋	黄星垣	谢海洲
余桂清	何　任	王子瑜	程莘农	陈彤云
焦树德	张作舟	张　琪	李寿山	张镜人
王绵之	方和谦	印会河	王玉川	蔡小荪
李振华	马继兴	王嘉麟	宋祚民	刘弼臣
王雪苔	刘志明	吴咸中	李今庸	任继学
裴学义	王宝恩	周霭祥	贺普仁	唐由之
赵冠英	许润三	金世元	陆广莘	刘柏龄
徐景藩	吉良晨	吴定寰	沈自尹	王孝涛
张灿玾	周仲瑛	强巴赤列	张代钊	李经纬
郭维淮	柴松岩	苏荣扎布	陈可冀	李济仁
夏桂成	郭子光	巴黑·玉素甫	张学文	陈介甫